São João

Elam de Almeida Pimentel

São João

Para pedir o dom do arrependimento
e da conversão

Novena e ladainha

Petrópolis

© 2014, Editora Vozes Ltda.
Rua Frei Luís, 100
25689-900 Petrópolis, RJ
Internet: http://www.vozes.com.br
Brasil

Todos os direitos reservados. Nenhuma parte desta obra poderá ser reproduzida ou transmitida por qualquer forma e/ou quaisquer meios (eletrônico ou mecânico, incluindo fotocópia e gravação) ou arquivada em qualquer sistema ou banco de dados sem permissão escrita da editora.

Diretor editorial
Frei Antônio Moser

Editores
Aline dos Santos Carneiro
José Maria da Silva
Lídio Peretti
Marilac Loraine Oleniki

Secretário executivo
João Batista Kreuch

Editoração: Maria da Conceição B. de Sousa
Diagramação: Sheilandre Desenv. Gráfico
Capa: Omar Santos

ISBN 978-85-326-4795-5

Editado conforme o novo acordo ortográfico.

Este livro foi composto e impresso pela Editora Vozes Ltda.
Rua Frei Luís, 100 – Petrópolis, RJ – Brasil – CEP 25689-900
Caixa Postal 90023 – Tel.: (24) 2233-9000
Fax: (24) 2231-4676

Sumário

1 Apresentação, 7

2 Histórico da vida de São João, 9

3 Novena de São João, 13
   1º dia, 13
   2º dia, 15
   3º dia, 17
   4º dia, 18
   5º dia, 20
   6º dia, 22
   7º dia, 24
   8º dia, 25
   9º dia, 26

4 Orações a São João, 28

5 Ladainha de São João, 30

Apresentação

No início de nossa era um homem chamado João começou a pregar no vale do Rio Jordão, na Palestina. Vestia-se com peles de camelo e alimentava-se de gafanhoto e mel. Andava pelas aldeias profetizando a vinda do Salvador e batizando os fiéis.

Pregava a necessidade de conversão e penitência, argumentando com a proximidade da vinda do Filho de Deus. Denunciou a corrupção da época e, para ele, a verdade era fundamental. Foi o profeta da fidelidade e da justiça, ensinando a todos a humildade. Pregou que a verdadeira religião não está no formalismo, mas na autenticidade e no coração.

São João Batista é considerado o precursor de Jesus e é hoje um dos santos mais celebrados do catolicismo. É solicitado para pedir o dom do arrependimento e da conversão. O rito batismal que criou tornou-se um dos mais importantes da liturgia cristã. É o padroeiro do Movimento de Emaús.

Extremamente popular durante a vida, João Batista foi aclamado santo por anunciar a chegada de Jesus, preparar os caminhos de Cristo e ter se tornado o primeiro mártir do cristianismo.

Este pequeno livro contém o histórico da vida de São João Batista, sua novena, orações e ladainha, como também algumas passagens bíblicas, seguidas de uma oração para o pedido da graça especial, acompanhada de um Pai-nosso, uma Ave-Maria e um Glória-ao-Pai.

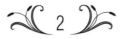

Histórico da vida de São João

De acordo com dados bíblicos, João, mais tarde chamado Batista, era 6 meses mais velho do que Jesus. Nasceu em Ain Karim, na Palestina, em 24 de junho do ano 1 a.C.

Era filho do sacerdote Zacarias e de Isabel, prima de Maria, mãe de Jesus. Assim, desde o início, a vida de João esteve ligada à de Jesus, pois, além de as mães serem parentes próximas, engravidaram na mesma época.

A gravidez de Isabel foi anunciada ao marido Zacarias pelo Anjo Gabriel, conforme a tradição. Isabel já estava idosa, nunca tinha concebido uma criança, e isso trazia muito desgosto para o casal, pois naquela época a esterilidade era vista como uma vergonha e uma maldição. Ao receber o anúncio da gravidez Zacarias ficou contente, mas, lembrando-se da idade da esposa, duvidou da veracidade dessa informação. Gabriel então fez com que ele ficasse mudo até o dia em que foi decidido o nome da criança: João.

Ao atingir a maioridade, João foi para o deserto e preparou-se, através de orações e penitência, para se dispor à conversão das pessoas, proclamando a vinda do Messias. Mais tarde ele passou a fazer um ritual de purificação corporal para simbolizar uma mudança interior de vida. Muitas pessoas passaram a chamá-lo de Batista: João Batista.

João Batista batizou Jesus no Rio Jordão. Relatos bíblicos contam a história da voz que se ouviu quando João batizou Jesus: "Este é o meu Filho Amado de quem eu me agrado". Referem que uma pomba esvoaçou sobre os dois dentro do rio e a relacionam com o Espírito Santo.

Os batismos realizados por João diferiam de todos os outros daquela época. Ele pretendia mostrar que "o homem não podia se purificar sozinho, já que toda santidade vem de Deus". Muitas eram as pessoas convertidas por João Batista, e isso começou a incomodar os sacerdotes de Jerusalém.

João Batista morreu mártir pela fidelidade à sua missão de profeta ao denunciar publicamente o adultério de Herodes, governador da Galileia, que traía a esposa com a cunhada. Foi preso, encarcerado e degolado. Salomé, enteada de Herodes, após um espetáculo de dança sensual, agradou tanto Herodes, que ele lhe prometeu dar o que ela quisesse. Assim, instigada pela mãe, pediu a cabeça de João Batista numa bandeja. Seus discípulos recolheram seu corpo e o sepultaram.

João Batista tornou-se o primeiro mártir do cristianismo e influenciou muito a vida cristã nos primeiros séculos. É celebrado pela Igreja Católica em duas datas: uma para comemorar seu nascimento, 24 de junho, e outra para lembrar seu martírio, 29 de agosto. No Brasil, a devoção a São João Batista desembarcou junto com os portugueses em 1500: as festas de São João já eram o centro das comemorações no mês de junho.

São João é festejado pelo povo com farta alimentação, músicas, danças e bebidas. Dizem que ele nasceu em uma noite muito bonita e que sua mãe, Isabel, para avisar Maria, mandou erguer um mastro em sua casa, acendendo uma fogueira. Era o sinal combinado para a virgem visitá-lo, levando uma capelinha (ramalhete de flores), um feixe de palha seca e folhas de manjericão. Por esse motivo, onde a festa é celebrada levantam-se mastros, acende-se uma fogueira e o povo canta.

Segundo a tradição, São João dorme no dia que lhe é dedicado. Se ele estiver acordado, vendo o clarão das fogueiras acesas em sua honra, não resistirá ao desejo de descer do céu para acompanhar a oblação, e o mundo acabará pelo fogo. Por isso, quando alguns cantam: "Acorda, João!", outros corrigem: "João está dormindo, não acorda não!"

Tradicionalmente, a Novena de São João Batista tem início no dia 15 de junho, encerrando-se no dia 23 do mesmo mês. O santo é representado na iconografia católica de várias maneiras: ainda menino, ao lado de Jesus e Maria; quando adulto, seminu, com o corpo coberto por uma pele de carneiro ou pano rústico, apontando para o céu com o braço direito, tendo às vezes na mão uma longa cruz e também um carneirinho ao seu lado. Em diversos quadros ele aparece batizando Jesus no Rio Jordão.

3

Novena de São João

1º dia

Iniciemos com fé este primeiro dia de nossa novena invocando a presença da Santíssima Trindade: em nome do Pai e do Filho e do Espírito Santo. Amém.

Leitura do Evangelho: Lc 1,13-17

> Mas o anjo lhe disse: "Não tenhas medo, Zacarias, porque foi ouvida a tua oração. Isabel, tua mulher, vai te dar um filho, a quem darás o nome de João. Ficarás alegre e muito feliz, e muitos se alegrarão com seu nascimento. Ele será grande diante do Senhor. Não beberá vinho nem licor, e desde o ventre de sua mãe estará cheio do Espírito Santo. Reconduzirá muitos israelitas para o Senhor, seu Deus. Caminhará diante dele no espírito e no poder de Elias para re-

conduzir os corações dos pais para os filhos e os rebeldes para a sabedoria dos justos, a fim de preparar para o Senhor um povo bem disposto.

Reflexão

No Antigo Testamento encontramos passagens que se referem a João Batista. Nelas é anunciado por Malaquias e por Isaías. Com João Batista a missão profética sobre a vinda do Messias atinge sua plenitude. Ele é um dos elos entre o Antigo e o Novo Testamento.

Oração

São João, anunciador da vinda do Messias, vós que fostes um exemplo de fidelidade a Jesus, ajudai-me a seguir seu exemplo. A vós recorro com muita fé para que me concedais a graça... (falar a graça que se deseja alcançar).

Pai-nosso.

Ave-Maria.

Glória-ao-Pai.

São João, intercedei por nós.

Vinde, Espírito Santo, enchei os corações dos vossos fiéis e acendei neles o fogo do vosso amor. Enviai o vosso Espírito e tudo será criado, e renovareis a face da terra.

2º dia

Iniciemos com fé este segundo dia de nossa novena invocando a presença da Santíssima Trindade: em nome do Pai e do Filho e do Espírito Santo. Amém.

Leitura do Evangelho: Lc 1,57-64

Para Isabel chegou o tempo de dar à luz, e ela deu à luz um filho. Os vizinhos e parentes ouviram dizer que o Senhor tinha mostrado sua grande misericórdia para com Isabel e foram congratular-se com ela. No oitavo dia vieram circuncidar o menino e queriam dar-lhe o nome de seu pai, Zacarias. Mas a mãe tomou a palavra e disse: "De modo algum. O nome será João". Diziam-lhe eles: "Não há ninguém entre os teus parentes que tenha esse nome!" Então perguntaram por acenos ao pai como queria que o menino se chamasse. Zacarias pediu uma tabuinha e escreveu: "João é o seu nome". Todos se espantaram.

Imediatamente a sua língua se soltou e ele começou a falar, louvando a Deus.

Reflexão

Isabel e Zacarias, pais de João, eram pessoas honestas, justas, cumpridoras de todos os mandamentos de Deus. O Evangelista Lucas narra as circunstâncias que precederam o nascimento de João. Isabel era estéril, idosa e viu sua vontade de ser mãe satisfeita quando o Anjo Gabriel anunciou a Zacarias que a esposa lhe daria um filho, que devia se chamar João. Quando Zacarias escreve o nome do filho concordando com Isabel, a sua voz lhe é devolvida, pois havia ficado mudo por não ter acreditado nas palavras do Anjo Gabriel, que lhe dera a boa-nova. Desse modo, a narração do nascimento de João é cercada de circunstâncias sobrenaturais, realçando o papel que se atribui a João Batista como precursor de Jesus.

Oração

Bendito São João, vós nascestes com todas as graças e bênçãos divinas. Pela vossa intercessão espero alcançar a graça de que necessito... (falar a graça desejada).

Pai-nosso.

Ave-Maria.

Glória-ao-Pai.

São João, intercedei por nós.

Vinde, Espírito Santo, enchei os corações dos vossos fiéis e acendei neles o fogo do vosso amor. Enviai o vosso Espírito e tudo será criado, e renovareis a face da terra.

3º dia

Iniciemos com fé este terceiro dia de nossa novena invocando a presença da Santíssima Trindade: em nome do Pai e do Filho e do Espírito Santo. Amém.

Leitura do Evangelho: Lc 1,76-77

> E tu, menino, serás chamado profeta do Altíssimo, pois irás adiante do Senhor preparar-lhe os caminhos, e dar ao povo o conhecimento da salvação pelo perdão dos pecados.

Reflexão

Este trecho do Cântico de Zacarias é quando Zacarias, pai de João, encheu-se do Espírito Santo e profetizou que o menino João seria o profeta do Messias. É mais uma confirmação do simbolismo e do papel que João desempenharia durante sua vida: o de precursor de Jesus.

Oração

Bendito São João, homem obediente a Deus, a vós clamo para o alcance da graça de que necessito... (fala-se a graça a ser alcançada).

Pai-nosso.

Ave-Maria.

Glória-ao-Pai.

São João, intercedei por nós.

Vinde, Espírito Santo, enchei os corações dos vossos fiéis e acendei neles o fogo do vosso amor. Enviai o vosso Espírito e tudo será criado, e renovareis a face da terra.

4º dia

Iniciemos com fé este quarto dia de nossa novena invocando a presença da Santíssima Trindade: em nome do Pai e do Filho e do Espírito Santo. Amém.

Leitura do Evangelho: Lc 1,80

> O menino crescia e se fortalecia em espírito e morava no deserto, até o

dia de se apresentar em público a Israel.

Reflexão
João, no deserto, preparou-se com oração e penitência para cumprir sua missão: anunciar a chegada do Messias, pregando um batismo de conversão aos pecadores; conversão pessoal, consciente, uma mudança radical interior.

Oração
Glorioso São João Batista, ajudai-me a ter cada vez mais fé no poder divino. Confiante em vós, eu vos rogo, sede o medianeiro para o alcance da graça de que tanto necessito... (falar a graça que se deseja alcançar).

Pai-nosso.

Ave-Maria.

Glória-ao-Pai.

São João, intercedei por nós.

Vinde, Espírito Santo, enchei os corações dos vossos fiéis e acendei neles o fogo do vosso amor. Enviai o vosso Espírito e tudo será criado, e renovareis a face da terra.

5º dia

Iniciemos com fé este quinto dia de nossa novena invocando a presença da Santíssima Trindade: em nome do Pai e do Filho e do Espírito Santo. Amém.

Leitura do Evangelho: Mt 3,7-12

Ao ver, porém, que muitos dos fariseus e saduceus vinham para o batismo, João lhes disse: "Raça de víboras, quem vos ensinou a fugir da ira que vem? Produzi, pois, frutos de verdadeira conversão e não vos façais ilusões, dizendo a vós mesmos: Temos Abraão por pai. Pois eu vos digo: Deus pode fazer nascer destas pedras filhos de Abraão. O machado já está posto sobre a raiz das árvores; toda árvore que não der bons frutos será cortada e lançada ao fogo. Eu vos batizo com água em sinal de conversão. Depois de mim, porém, virá outro mais forte do que eu, de quem não sou digno de carregar as sandálias. Ele vos batizará no Espírito Santo e no fogo. Com a peneira na mão limpará seu terreiro e recolherá o trigo ao celeiro, mas queimará a palha num fogo que não se apaga".

Reflexão

João está diante dos que vieram ouvir sua pregação e identifica os fariseus e saduceus, líderes de facções religiosas da época que se orgulhavam de serem filhos de Abraão, sem vivenciarem o Evangelho, sem terem uma prática religiosa coerente com esses princípios.

A proposta de João Batista é de vida nova, fonte de realização plena de tudo o que Deus plantou no coração humano. João convidava a todos a se converterem, advertindo que o Reino de Deus estava próximo.

Oração

São João, ajudai-me a fazer uma revisão na minha vida, a descobrir os aspectos que precisam ser mudados para me aproximar mais de Cristo. Vós sabeis das minhas necessidades e do pedido que a vós suplico. Confiando na vossa poderosa intercessão junto a Deus, peço-vos... (falar a graça a ser alcançada).

Pai-nosso.

Ave-Maria.

Glória-ao-Pai.

São João, intercedei por nós.

Vinde, Espírito Santo, enchei os corações dos vossos fiéis e acendei neles o fogo do vosso amor. Enviai o vosso Espírito e tudo será criado, e renovareis a face da terra.

6º dia

Iniciemos com fé este sexto dia de nossa novena invocando a presença da Santíssima Trindade: em nome do Pai e do Filho e do Espírito Santo. Amém.

Leitura do Evangelho: Jo 1,30-34

É este de quem eu disse: "Depois de mim vem alguém que passou adiante de mim, porque existia antes de mim. Eu não o conhecia, mas se vim batizar com água é para que Ele se torne conhecido em Israel". E João deu testemunho, dizendo: "Eu vi o Espírito descer do céu em forma de pomba e permanecer sobre Ele. Eu não o conhecia, mas quem me enviou para batizar com água me disse: 'Aquele sobre quem vires descer o Espírito e permanecer, esse é que batiza no Espírito Santo'. Eu vi e dou testemunho de que este é Filho de Deus".

Reflexão

Pelo batismo João Batista mergulhava as pessoas nas águas e valores de Deus. Convidava a todos a acender o fogo da fé e do amor a Deus. Apesar de ter batizado Jesus, tinha plena consciência, convicção e humildade ao reconhecer que seu papel era o de anunciar a vinda do Salvador, preparando o caminho para sua chegada com orações, penitência e mudança de atitude. Ele reconheceu e testemunhou que Jesus era o Filho de Deus.

Oração

São João, testemunha do Filho de Deus, pregador do amor divino, rogai por nós e concedei-me a graça... (falar a graça que se deseja).

Pai-nosso.

Ave-Maria.

Glória-ao-Pai.

São João, intercedei por nós.

Vinde, Espírito Santo, enchei os corações dos vossos fiéis e acendei neles o fogo do vosso amor. Enviai o vosso Espírito e tudo será criado, e renovareis a face da terra.

7º dia

Iniciemos com fé este sétimo dia de nossa novena invocando a presença da Santíssima Trindade: em nome do Pai e do Filho e do Espírito Santo. Amém.

Leitura do Evangelho: Jo 1,29

> [...] João viu Jesus aproximar-se e disse: "Eis o Cordeiro de Deus que tira o pecado do mundo".

Reflexão

João Batista, ao apresentar Jesus como aquele que tira o pecado do mundo, deixou esperança para todos os seres humanos em qualquer época. Jesus tomou sobre si o pecado do mundo e nos chama para a conversão na certeza do amor que Deus coloca em nossos corações.

Oração

São João Batista, santo da esperança, confio na vossa poderosa intercessão para... (falar a graça a ser alcançada).

Pai-nosso.

Ave-Maria.

Glória-ao-Pai.

São João, intercedei por nós.

Vinde, Espírito Santo, enchei os corações dos vossos fiéis e acendei neles o fogo do vosso amor. Enviai o vosso Espírito e tudo será criado, e renovareis a face da terra.

8º dia

Iniciemos com fé este oitavo dia de nossa novena invocando a presença da Santíssima Trindade: em nome do Pai e do Filho e do Espírito Santo. Amém.

Leitura do Evangelho: Jo 8,32

[...] conhecereis a verdade e a verdade vos libertará.

Reflexão

A verdade era fundamental para João Batista, pois acreditava na palavra de Deus: a verdade vos libertará. Por sua austeridade e fidelidade cristã algumas vezes foi confundido com Jesus, mas imediatamente retrucava: "Eu não sou o Cristo", "eu não sou digno de desatar a correia de sua sandália".

Oração

São João, profeta divino, compadecei perante meu sofrimento e do pedido que venho depositar a vossos pés, confiando na vossa poderosa intercessão... (falar a graça a ser alcançada).

Pai-nosso.

Ave-Maria.

Glória-ao-Pai.

São João, intercedei por nós.

Vinde, Espírito Santo, enchei os corações dos vossos fiéis e acendei neles o fogo do vosso amor. Enviai o vosso Espírito e tudo será criado, e renovareis a face da terra.

9º dia

Iniciemos com fé este nono dia de nossa novena invocando a presença da Santíssima Trindade: em nome do Pai e do Filho e do Espírito Santo. Amém.

Leitura bíblica: Hb 11,1

> A fé é o fundamento do que se espera e a prova das realidades que não se veem.

Reflexão

A fé não tem uma explicação; ela simplesmente existe. Ter fé é mais do que acreditar nos desígnios divinos, é transmitir os ensinamentos de amor e bondade. A sinceridade de nossos sentimentos e o fervor com que nos dirigimos a Deus em nossas orações, seja para pedir ou agradecer, comprovam a nossa fé.

Oração

São João, vós que tanto acreditastes na força da oração, rogai por nós e concedei-nos a graça que vos pedimos... (falar a graça a ser alcançada).

Pai-nosso.

Ave-Maria.

Glória-ao-Pai.

São João, intercedei por nós.

Vinde, Espírito Santo, enchei os corações dos vossos fiéis e acendei neles o fogo do vosso amor. Enviai o vosso Espírito e tudo será criado, e renovareis a face da terra.

4

Orações a São João

Oração 1

São João Batista, vós que clamais no deserto: "Endireitai os caminhos do Senhor... fazei penitência, porque no meio de vós está quem não conheceis, e do qual eu não sou digno de desatar os cordões das sandálias", ajudai-me a fazer penitência das minhas faltas, para que eu me torne digno do perdão daquele que vós anunciastes com estas palavras: "Eis o Cordeiro de Deus, eis aquele que tira o pecado do mundo". São João, pregador da penitência, rogai por nós. São João, precursor do Messias, rogai por nós. São João, alegria do povo, rogai por nós. Amém.

Oração 2

Glorioso São João Batista, que fostes santificado no seio materno ao ouvir de vossa mãe a saudação de Maria Santíssima e canonizado ainda em vida pelo mesmo Jesus Cristo, que declarou solenemente não haver entre os nascidos de mulheres nenhum maior do que vós, por intercessão da Virgem e pelos infinitos merecimentos do seu divino Filho, de quem fostes precursor, anunciando-o como Messias e apontando-o como Cordeiro de Deus que tira o pecado do Mundo, alcançai-nos a graça de darmos também nós testemunho da verdade e selá-lo até, se preciso for, com o próprio sangue, como o fizestes vós, degolado iniquamente por ordem de um rei cruel e sensual, cujos desmandos e caprichos havíeis justamente verberado.

Abençoai esta vossa paróquia e fazei que aqui floresçam todas as virtudes que praticastes em vida, para que, verdadeiramente, animados do vosso espírito, no estado em que Deus nos colocou, possamos um dia gozar convosco da bem-aventurança eterna. Assim seja.

Ladainha de São João

Senhor, tende piedade de nós.
Jesus Cristo, tende piedade de nós.
Senhor, tende piedade de nós.

Jesus Cristo, ouvi-nos.
Jesus Cristo, atendei-nos.

Pai Celeste, que sois Deus, tende piedade de nós.
Deus Filho, redentor do mundo, tende piedade de nós.
Deus Espírito Santo, tende piedade de nós.
Santíssima Trindade, que sois um só Deus, tende piedade de nós.

Santa Maria, rainha dos mártires, rogai por nós.

São João Batista, parente de Jesus, rogai por nós.

São João Batista, homem que anunciou a chegada do Messias, rogai por nós.

São João Batista, homem puro, rogai por nós.

São João Batista, homem dedicado a Jesus, rogai por nós.

São João Batista, homem humilde, rogai por nós.

São João Batista, pregador da penitência, rogai por nós.

São João Batista, primeiro mártir do cristianismo, rogai por nós.

São João Batista, o precursor de Jesus, rogai por nós.

São João Batista, o criador do batismo, rogai por nós.

São João Batista, padroeiro de Emaús, rogai por nós.

São João Batista, profeta do Altíssimo, rogai por nós.

São João Batista, profeta que muitos converteu ao cristianismo, rogai por nós.

São João Batista, santo da caridade, rogai por nós.
São João Batista, por vossa paciência e penitência, rogai por nós.
São João Batista, refúgio nosso, rogai por nós.
São João Batista, santo importante da Igreja Católica, rogai por nós.
São João Batista, santo popular, rogai por nós.
São João Batista, santo poderoso, rogai por nós.

Cordeiro de Deus, que tirais o pecado do mundo, perdoai-nos, Senhor.
Cordeiro de Deus, que tirais o pecado do mundo, ouvi-nos, Senhor.
Cordeiro de Deus, que tirais o pecado do mundo, tende piedade de nós.

Jesus Cristo, ouvi-nos.
Jesus Cristo, atendei-nos.

Rogai por nós, São João Batista,
para que sejamos dignos das promessas de Cristo.